Work & Travel Kanada 2018

Der aktuelle und vollständige Guide – Alle Tipps & Tricks

Fotos: Stefan Thiel

Albert & Apostel

Willkommen in Vancouver – dem westlichen Tor Kanadas und besonders im Winter eine der schönsten Städte Nordamerikas.

Albert & Apostel

Inhaltsverzeichnis

Vorwort

Erster Teil

Kanada – Warum Australien, Neuseeland & USA nicht mithalten können

Organisation vs. Selbst Organisieren – Vor- & Nachteile

Reisepartner gesucht – Allein oder zu zweit auf Reisen

Working Holiday Visa 2018 - Der direkte und einfachste Weg zu deinem Visum

Work & Travel-Jobs suchen und finden – Planung im Voraus

Bonus #1: Die schönsten Skiressorts Kanadas – Jobs garantiert

Albert & Apostel

Bonus #1: Die schönsten Skiressorts Kanadas – Jobs garantiert

Vancouver vs. Toronto – Die besten Städte für Traveller

Reiseplanung – Fertig machen für Whistler & Co.
Reisepass
Bargeld vs. Kreditkarte
Den billigsten Flug finden
Packliste – Tipps & Tricks
Reiseversicherung – einfach und sicher

Wichtig: Alles für deine Einreise – Reibungslos und Unkompliziert

Zweiter Teil

Endlich in Kanada – Der perfekte erste Tag
Sozialversicherungsnummer
Bankkonto
Handy- & Internet

Albert & Apostel

Unterkunft – Couchsurfing, Hostels, Hotels & Co.
Auf einen Blick

Work & Travel-Jobs suchen und finden – Planung vor Ort

In bester Gesellschaft – Einfach Freunde finden und Kontakte knüpfen

Bus, Boot & Co. - Reisen innerhalb Kanadas
Zug
Bus
Flugzeug
Auto mieten, kaufen und versichern

Grenzen überschreiten – Quer durch Nordamerika und Mexiko

Alkohol & Drogen - Was du unbedingt wissen solltest

Albert & Apostel

Bonus #2: Unsere Geheimtipps – Erfolg garantiert
Geld Verdienen, ohne festen Job
Die Atemberaubendste Art zu Reisen
Besser und Sicherer als Craigslist
Endlose Freiheit: Manitoba & Saskatchewan
Mit dem Grizzly frühstücken

Dritter Teil

Work & Travel – Chance für deine Zukunft & Karriere

Für alle Fälle – Was deine Eltern wissen sollten

Startkapital für Zuhause – Die Steuerrückzahlung

Nachwort

Albert & Apostel

Ein Paradies für Fotografen – die English Bay an der kanadischen Westküste.

Albert & Apostel

Vorwort

Die Aufgabe und Pflicht dieses umfassenden Ratgebers besteht allein in der Beantwortung einer zentralen Frage, die sich in viele miteinander verzweigte Einzelfragen gliedert. Nämlich: Wie wird dein Jahr im Ausland, zu einem der besten und ereignisreichsten Jahre in deinem Leben. Um dieser Frage beikommen zu können, muss etwas sehr Wichtiges geklärt und veranschaulicht werden, das zu erklären und zu veranschaulichen, bisher weder Internet noch Ratgeber imstande gewesen wären: Für alles was zwischen dir und deiner Reise in die Freiheit steht, für alles was dir mit großer Sicherheit kompliziert, undurchsichtig und bürokratisch erscheinen mag, gibt es eine einfache und schnelle Lösung, die in diesem Ratgeber auf wenigen Seiten kompakt und greifbar für dich zusammengefasst wurde.

Denn es ist ein altes Lied, und es ist jedes Jahr das Gleiche. Auch 2018 werden sich tausende angehende Traveller auf der ganzen Welt die Köpfe grundlos über Visa, Organisationen, Kosten & Co. zerbrechen.

Albert & Apostel

Trotzdem gelingt es niemanden, klare und deutliche Antworten für jeden verständlich und übersichtlich bereitzustellen.
Es soll daher der Nutzen und Zweck dieses Ratgebers sein, diese Lücken mit simplen und praxiserprobten Tricks, persönlichen Erlebnissen und Erfahrungen zu füllen, um dich von einem Großteil der Arbeit zu befreien und keine Frage unbeantwortet zu lassen. Denn es geschieht leider nur allzu häufig, dass bürokratische Kleinigkeiten die Vorfreude auf den Schritt in ein neues Leben trüben. Du allein sollst deinen Auslandsaufenthalt genauso gestalten können, wie du ihn dir schon immer vorgestellt hast.

Wir wünschen viel Spaß und Freude beim Lesen und hoffen, dass unsere Erfahrungen alle deine Fragen beantworten werden. Auf das Jahr deines Lebens!

Benedikt Apostel & Marcel Albert

Albert & Apostel

Erster Teil

Ryan Reynolds, Cobie Smulders & Hayden Christensen – Sie alle kommen aus dieser berühmten kanadischen Stadt.

Albert & Apostel

Kanada – Warum Australien, Neuseeland & USA nicht mithalten können

Kanada ist nach den USA das zweitbeliebteste Einwanderungsland der Welt. Jedes Jahr verlassen tausende Menschen ihre Heimat, um im hohen Norden ihr Glück zu suchen. Die ungeheure Beliebtheit des Landes hat zahlreiche Gründe: Neben der unberührten Natur, der einzigartigen Vielfalt des Tierreiches und der ungebrochenen Freundlichkeit der Einwohner, spielt die Sicherheit innerhalb der kanadischen Grenzen eine besonders wichtige Rolle. Doch Kanada ist nicht nur ein Traum für Naturliebhaber und Abenteurer, Kanada ist das Land der Freiheit und Unabhängigkeit. Mit dem Working Holiday Visum 2018 kannst du unbeschwert durchs ganze Land reisen und dich in den unterschiedlichsten Jobs wie Skilehrer, Parkranger oder Barista ausprobieren.

Albert & Apostel

Der perfekte Start in ein neues und selbstbestimmtes Leben, ganz ohne Stress und Verpflichtungen, die man von einem so großen und fremden Land normalerweise erwarten würde. Denn während sich das urbane Großstadtleben in den Provinzen und Metropolen der USA deutlich von der bäuerlichen Idylle ländlicher Regionen und Nationalparks unterscheidet, gehen diese vermeintlich unvereinbaren Gegensätze in Kanada nahtlos ineinander über. Um es kurz zu machen: deiner Kreativität sind keine Grenzen gesetzt. In Kanada wirst du auf eine offene, verrückte und tolerante Gesellschaft treffen, die dich als einen Teil von ihr willkommen heißt. Das Land der Ahornbäume ist nicht nur die Heimat der Elche und Grizzlys, sondern auch der Geburtsort zahlreicher berühmten Persönlichkeiten wie Ryan Gosling, Jim Carrey und Neil Young. Es gibt nur wenige Länder, in denen der Nationalstolz so subtil gelebt und gefördert wird wie in Kanada.

Albert & Apostel

Diese Heimatverbundenheit ergibt sich aus einer Reihe lokaler Besonderheiten, angefangen beim morgendlichem Kaffee im weltberühmten Tim Hortons bis hin zum kühlen Bier in einer der zahlreichen Hockeybars. Neben Kanada sind auch Neuseeland und Australien beliebte Reiseziele für Traveller und Bagpacker aus der ganzen Welt. Beide Länder bestechen durch ihre vielfältige Natur und Artendiversität. Allerdings liegen sowohl Flug- als auch Reisebudget weit über den in Kanada zu erwartendem Kosten. Du solltest es dir also besser zweimal überlegen, ob du Down Under dem hohen Norden vorziehen solltest.

Organisation vs. Selbst Organisieren – Vor- & Nachteile

Organisation oder doch lieber selber organisieren? Es handelt sich um eine wichtige und nicht leichtfertig zu beantwortende Frage, die du dir gleich am Anfang deiner Reiseplanungen stellen wirst. Um die richtige Entscheidung für dich zu ermitteln, müssen beide Möglichkeiten verglichen und mit deinen persönlichen Präferenzen abgestimmt werden. Eine Patentlösung gibt es leider nicht.

Kurz gesagt: Organisationen ersparen dir Zeit und Arbeit. Angefangen bei der Beantragung des Visums bis hin zur detaillierten Reiseplanung, wer sich für einen der zahlreichen Anbieter entscheidet, wird tatkräftig unterstützt. Die große Vielfalt an Angeboten ermöglicht es dir, deine Reise genauso zu gestalten, wie du sie dir vorstellst. .

Von Gastfamilien und Ansprechpartnern in Whistler, Vancouver und Co. bis hin zu Notfall- und Risikobetreuung, in jedem Fall werden deine Sorgen und Probleme vertraulich und schnell gelöst. Gegen eine Organisation sprechen allem voran die teils enormen Kosten. Die können je nach Anbieter und Umfang der angebotenen Dienstleistungen zwischen 300 und 2000 Euro liegen.

Darüber hinaus nimmst du dir die Möglichkeit deine Reise eigenständig zu gestalten, eigene Wege zu finden und wichtige Erfahrungen und Erkenntnisse zu sammeln. Auch die Wahl einer praxiserprobten Organisation garantiert noch lange kein perfektes und abenteuerreiches Jahr. Um Geld und Aufwand zu sparen, gibt es eine Reihe an Chancen und Möglichkeiten wie du die Planung deiner Reise selbst in die Hand nehmen kannst. Denn der reale Arbeitsaufwand, der sich hinter Visum, Versicherung & Co. versteckt, ist weitaus geringer als du dir vielleicht vorstellst. Tatsächlich lassen sich alle wichtigen Schritte schon an einem Nachmittag einleiten.

Noch dazu stellen Work & Travel- Organisationen viele Dienste für dich bereit die du höchstwahrscheinlich selten oder überhaupt nicht in Anspruch nehmen wirst. Dagegen bietet dir eigenständige Planung viel Raum für persönliches Wachstum und charakterlichen Gewinn. Unabhängigkeit – natürlich heißt das auch, Verantwortung zu übernehmen und das volle Risiko zu tragen. Auch wenn du in den Hostels und Pubs entlang den Städten deiner Reise einfach Freunde finden und Kontakte knüpfen wirst, am Anfang bist du ganz auf dich allein gestellt.

So oder so kannst nur du allein abwägen, welche Variante für dich die richtige ist. Egal wie du dich entscheidest, ob du den selbstbestimmten oder geführten Weg wählst, auf beiden kommst du früher oder später ans Ziel.

Reisepartner gesucht – Allein oder zu zweit auf Reisen

Doppelter Mut und geteiltes Leid – die Gründe für einen Reisepartner liegen auf der Hand. Neben der erhöhten Reisesicherheit und den halbierten Lebenserhaltungskosten ist es immer nützlich, unbekannte Wege mit einem dir vertrauten Freund zu bestreiten. Andererseits gibt es auch eine Vielzahl an Gründen, die für ein Solo-Abenteuer sprechen.

Nicht nur, dass sich dir die einmalige Möglichkeit bietet, deine Komfortzone zu verlassen und über dich hinauszuwachsen, du wirst auch neue Perspektiven kennenlernen, die dir helfen dich selbst und andere besser zu verstehen.

Doch auch wenn du nicht dauerhaft an einen Begleiter gebunden sein möchtest, gibt es eine Fülle an Alternativen, um Lake Louise, Jasper & Co. nicht allein entdecken zu müssen.

Albert & Apostel

Während dir zahlreiche Netzwerke über Inserate und Anzeigen die Option bieten Reisepartner zu suchen und zu finden, stellen Facebook-Gruppen mit ihrer großen Reichweite und hohen Aktualität den wohl effektivsten Weg dafür dar. Letztendlich bleibt es dir überlassen, welche Art zu reisen du eher bevorzugst und was genau du von deinem Jahr im Ausland erwartest.

Albert & Apostel

Albert & Apostel

Working Holiday Visa 2018 - Der direkte und einfachste Weg zu deinem Visum

Einmal ausgestellt, berechtigt dich das Working Holiday Visum innerhalb von 365 Tagen nach Kanada einzureisen. Dort kannst du dann für ein Jahr frei und ungezwungen reisen und arbeiten. Im Unterschied zu Australien und Neuseeland, ist das WHV für Kanada nur einmalig ausstellbar. Um dein Visum beantragen zu können, musst du zwischen 18 und 35 Jahren alt sein, und sowohl eine deutsche Staatsbürgerschaft als auch einen noch mindestens 1 Jahr gültigen Reisepass nachweisen. Dabei ist die Umsetzung der bürokratischen Theorie in den meisten Fällen nicht sehr praxisbezogen.

Neuheiten 2018: Seit Dezember des vergangenen Jahres, werden die Bewerbungseinladungen nach dem Zufallsprinzip verlost.

Albert & Apostel

Die kanadische Regierung verschickt in regelmäßigen Abständen Einladungen an alle Bewerber, die ein Profil erstellt haben und damit in das Losverfahren aufgenommen wurden sind. In Deutschland ist die Anzahl der jährlich ausstellbaren Visa auf 4200 limitiert.

Um herauszufinden, ob du als Antragsteller für das von dir gewünschte Visum in Frage kommst, füllst du auf der Internetseite der kanadischen Regierung „come to Canada" einen kurzen Fragebogen mit einigen Daten zu deiner Person aus. Daraufhin bekommst du den sogenannten Personal Reference Code und wirst anschließend automatisch zur Einrichtung deines IEC-Profils weitergeleitet. IEC bedeutet International Experience Canada und ist der Oberbegriff für alle von Kanada vergebenen Visa. Anschließend kannst du dich über den Login für ein MyCIC-Konto anmelden und dein individuelles Profil erstellen. Alles was du brauchst ist der bereits erwähnte Personal Reference Code und deinen Reisepass.

Falls du noch keinen Reisepass hast, kannst du schnell und einfach einen bei deinen örtlichen Verwaltungsbehörden beantragen. Nachdem du alle Fragen sorgfältig gelesen und beantwortet hast, wird dein Profil in den IEC-Pool aufgenommen. In regelmäßigen Abständen werden nun Einladungen an die Antragsteller verschickt. Hast du eine Einladung erhalten, bleiben dir 10 Tage diese zu akzeptieren und weitere 20 Tage, um alle erforderlichen Dokumente hochzuladen und deine vollständige Bewerbung abzusenden. Bei den obligatorischen Unterlagen handelt es sich um dein polizeiliches Führungszeugnis, einen gut erkennbaren Scan der Vorderseite deines Reisepasses, ein biometrisches Passbild, einen aktuellen Lebenslauf nach IEC-Vorbild und ein unterzeichnetes Family-Information-Form. Das Führungszeugnis musst du nicht übersetzten und es kann problemlos bei deiner Stadtverwaltung beantragt werden. Um deine Bewerbung zu verifizieren, wird eine einmalige Gebühr fällig.

Nachdem deine Bewerbung bearbeitet und überprüft wurde, erhältst du eine Bestätigung und den sogenannten Correspondence Letter. Mit ihm bekommst du an der Grenze dein fertiges Visum ausgestellt.

Work & Travel-Jobs suchen und finden – Planung im Voraus

Um garantiert sicher und ohne Probleme in deiner neuen Heimat anzukommen und unmittelbar Anschluss zu finden, bieten dir unterschiedliche Arbeitgeber aus ganz Kanada die Möglichkeit, dich im Voraus für eine Stelle zu bewerben. Nicht nur, dass du direkt vom Flughafen abgeholt wirst, auf der Stelle andere Traveller kennen lernst und dich ortskundige Vollblut-Kanadier an die Hand nehmen, du kannst augenblicklich alle Vorzüge Nordamerikas genießen, ohne dich um Unterkunft und Verpflegung kümmern zu müssen.

Bei den größeren Hotels und Skiressorts erfolgt die Bewerbung online auf deren Webseiten. Unter „Employment" kannst du zwischen den von dir gewünschten Jobangeboten frei wählen.

Zusätzlich zu deinem Lebenslauf, wirst du aufgefordert einige persönliche Angaben für ein standardisiertes Auswahlverfahren bereitzustellen. An dieser Stelle empfiehlt es sich Vorkenntnisse und Erfahrungen nachweisen zu können. Geeignete Kandidaten werden zu einem Skype-Interview eingeladen und anschließend einem Ansprechpartner zugeteilt.

Kleinere Hotels und private Ressorts erreichst du am besten über Facebook oder direkt per Mail. Mit einer Antwort kannst du schon innerhalb weniger Tage rechnen. In den meisten Fällen wirst du auch hier ein Interview via Skype führen müssen, zumeist in einer ungezwungenen und entspannten Atmosphäre.

Unabhängig von der jeweiligen Lage, unterscheiden sich beide Varianten vor allem durch ihre persönliche Beziehung zu dir und anderen Travellern.

Während du in großen Hotelketten auf eine Vielzahl internationaler Gäste und junger Mitarbeiter triffst, mit denen du die Nacht zum Tag machen kannst, baust du dagegen zu familiär geführten Einrichtungen häufig eine sehr innige und starke Bindung auf, die du dein ganzes Leben nicht vergessen wirst. Regelmäßig wiederkehrende Saisonarbeiter sind keine Seltenheit.

Bonus #1: Die schönsten Skiressorts Kanadas – Jobs garantiert

Kanada bietet schneereiche Winter von Ost nach West, mit viel Platz für abwechslungsreiche Ski-Pisten und atemberaubende Wanderrouten. Und schon jetzt ist eines sicher: 2018 wird eine historische Skisaison, mit Rekordschneetiefen von über 13 Metern. Um dir einen kompakten Überblick über ein paar der schönsten Skiressorts in Kanada zu ermöglichen, sind hier die Top 5 Geheimtipps – mit Jobgarantie.

Revelstoke Mountain Resort – Revelstoke, British Columbia

Mit einer beeindruckenden vertikalen Höhe von 1713 Metern, bietet das Revelstoke Mountain Resort seinen zahlreichen Besuchern den höchsten Skiabhang Nordamerikas.

Obwohl Revelstoke für seinen schwer zu befahrenden Pulverschnee bekannt ist, gibt es auch für Skianfänger und Kinder verschiedene Alternativen, um gefahrlos die Pisten zu entdecken. Jährlich heißt das Ressort hunderte Saisonarbeiter und Traveller aus aller Welt willkommen.

Sunshine Village – Banff, Alberta

Das Sunshine Village bietet ein einzigartiges und unvergessliches Wintererlebnis. Es ist nicht nur die Heimat des besten Schnees in Kanada, der einzigen beheizten Skilifts im Land, sondern auch Banff's unverwechselbarem ski-in, ski-out Hotel, der Sunshine Mountain Lodge.

Mont Tremblant Ski Resort – Tremblant, Quebec

Mont Tremblont ist nicht bloß im Winter ein großes Vergnügen.

Auch im Sommer finden hier zahllose Aktivitäten, wie Kanu- und Angelwettbewerbe, rund um den Nationalpark statt. Neben den beinahe 100 zu wartenden Skipisten, bietet auch das historische Village jede Menge Jobangebote für Durchreisende.

Blue Mountain Resort – Blue Mountains, Ontario

An den Küsten und Ufern der pittoresken Georgian Bay gelegen, hat sich das Blue Mountain Resort zu einem der beliebtesten Skigebiete in Ontario entwickelt. Heute zählt es nicht nur zu den schönsten und landschaftlich beeindruckendsten Ressorts in Kanada, sondern auch zu den exklusivsten weltweit. Egal für welches Jobangebot du dich entscheidest, in jedem Fall kannst du von diesem Luxus profitieren.

Asessippi Ski Area & Resort – Inglis, Manitoba

Endlose Landschaften, klare Seen und Flüsse – Manitoba gehört seit Jahren zu den Geheimtipps der kanadischen Provinzen.Neben Winnipeg, der Hudson Bay und den zahlreichen Nationalparks, begeistert vor allem das Asessippi Ski Resort mit seinen abwechslungsreichen Skipisten, seiner unverwechselbaren Atmosphäre und freundlichen Personal, Besucher aus ganz Kanada. Travellern bietet Asessippi die einmalige Chance, die endlose Freiheit Nordamerikas auszukosten und Teil einer großen Familie zu werden.

Albert & Apostel

Vancouver vs. Toronto – Die besten Städte für Traveller

Die Metropolen und Großstädte Kanadas vereinen urbane Vielfalt, internationale Kultur und moderne Architektur mit der einmaligen Schönheit berauschender Natur. Dieses Kapitel gibt dir eine kurze Zusammenfassung aller wichtiger Informationen, die du über einige der beliebtesten Reiseziele des Landes wissen solltest.

Vancouver, British Columbia

Vancouver ist auch 2018 eine der Top – Destinationen für Neuankömmlinge aus der ganzen Welt. Die große Beliebtheit Vancitys ist kein Zufall. Seit Jahren schätzen sowohl Einheimische als auch Touristen den hohen Lebensstandart und die unverwechselbare Atmosphäre einer schönsten Städte Kanadas.

Seine wachsende Popularität verdankt Vancouver unter anderem seinem ungewöhnlich milden Klima, warmen Wintern und seiner idyllischen Lage am Pazifik.

Toronto, Ontario

Die bekannteste Stadt Kanadas gehört zu den internationalen Zentren von Kunst, Kultur und Wirtschaft Nordamerikas. Angefangen bei einem der größten und einflussreichsten Film Festivals weltweit, dem Toronto International Film Festival, bis hin zu einer der Comicbuchmesse schlechthin, der Toronto Comicon, bietet Toronto ein reiches Angebot an Lifestyle und Unterhaltung. Wer also genug vom verregnetem Vancouver hat, für den ist das verschneite Toronto die richtige Wahl.

Montreal, Quebec

Das Stadtbilds Montreals wird von starken europäischen Einflüssen und Vorbildern geprägt und getragen.

Nahtlos treffen hier, wie in keiner anderen Stadt auf der Welt, nationale Identität und internationale Kultur aufeinander. Entscheidende Vorteile für jeden Backpacker sind sowohl die niedrigen Preise und Lebenskosten, als auch das ausgefallene Nachtleben.Anfängerkenntnisse in Französisch sind keine Pflicht, werden aber von den Einheimischen gern gesehen.

Victoria, British Columbia

Wer genug vom stressigen Großstadtleben hat, für den ist Victoria die perfekte Alternative. Im Süden von Vancouver Island gelegen, ermöglicht sie einen einzigartigen Blick auf die unberührte Landschaft der Insel. Für jeden Abenteurer ein absolut sehenswertes Erlebnis. .

Reiseplanung – Fertig machen für Whistler & Co.

Nachdem du dein Visum beantragt und alle anderen wichtige Schritte für deine Reise eingeleitet hast, kannst du nun letzten Schliff an deine Vorbereitungen anlegen. Damit dich an Flughafen und Grenze keine bösen Überraschungen erwarten, ist nun der richtige Zeitpunkt, dir über die Bedeutung von Reisepass, Kreditkarte & Co. Klarheit zu verschaffen.

Reisepass

Am Ende des Tages ist der Reisepass dein bester Freund. Zusammen mit dem am Flughafen ausgestelltem Visum, garantiert er dir sichere und reibungslose Ein- und Ausreise. Daher solltest du ihn weder beim Feiern, noch zum Tiefseetauchen bei dir tragen. In der Regel genügt Personalausweis oder Führerschein.

Beachte, dass dein Reisepass bei der Einreise nach Kanada noch mindestens ein Jahr gültig sein muss.

Bargeld vs. Kreditkarte

Generell macht es mehr Sinn, auf große Bargeldsummen und Wertgegenstände zu verzichten, da es in Nordamerika eher unüblich ist, ohne Kreditkarte zu bezahlen. Falls es doch notwendig werden sollte Bargeld abzuheben, findest du in der ganzen Stadt zahlreiche Geldautomaten. Zusätzlich solltest du bei der Einreise unbedingt daran denken, eine Kopie deines letzten Kontostandes mit einem Guthaben von mindestens 2500€ mitzubringen.

Den billigsten Flug finden

Vielen fällt es schwer, bei den verschiedenen Angeboten der Airlines den Überblick zu behalten. Grundsätzlich gibt es keine Faustregel oder Preisvergleich-Algorithmus, der dir einen billigen Flug garantiert.

Allerdings gibt es einige Faktoren, mit deren Hilfe du in den meisten Fällen preiswerter reisen kannst. Wer seinen Flug rechtzeitig und mindestens zwei Monate im Voraus bucht, kann seine Reisekosten um bis zu fünfzig Prozent reduzieren. Ansonsten lohnt sich das Anfliegen internationale Flughäfen und Buchungen unter der Woche fast immer.

Packliste – Tipps & Tricks

Weniger ist mehr – im Großen und Ganzen verhält sich die Qualität deiner Reise umgekehrt proportional zum Umfang deines Gepäcks. Auf das was du nicht mitnimmst kommt es an. Denke beim Packen so minimalistisch wie möglich, um deinen Aufenthalt flexibel gestalten zu können. Witterungsspezifische Kleidung solltest du sowieso am besten vor Ort kaufen. Um alles Wichtige platzsparend und effizient in deinem Koffer zum verstauen, gibt es simple Tricks wie beispielsweise die beim US-Militär beliebte Ranger Roll.

Albert & Apostel

Informiere dich vor deinem Abflug über die spezifischen Gepäckbestimmungen deiner Airline. Da jedes Kilo mehr kostet, solltest du das Gewicht deines Koffers zuvor genau überprüfen.

Reiseversicherung – einfach und sicher

Auch wenn die Chancen gering sind, dass dir tatsächlich etwas passiert, im Notfall bist du auf eine Auslandskrankenversicherung angewiesen. Der Nachweis einer gültigen Versicherung ist obligatorisch, um nach Kanada einreisen zu dürfen. Schon kurze Arztbesuche und Behandlungen können bis zu 400$ kosten. Am besten informierst du dich bei deiner jetzigen Versicherung über ihre Angebote und mögliche Alternativen. Erfahrungen zeigen, dass die Jahres-Auslandskrankenversicherung der Hanse-Merkur zu den erprobtesten Optionen zählt. Solltest du Privatpatient sein, wendest du dich am besten an deinen Versicherungsberater.

Ein einzigartiges Abenteuer - die endlosen Weiten des Pazifik entdecken.

Albert & Apostel

Wichtig: Alles für deine Einreise – Reibungslos und Unkompliziert

Die Ein- und Ausreise verläuft in den meisten Fällen ohne Schwierigkeiten und weitere Komplikationen. Du kannst beruhigt sein. Am kanadischen Flughafen angekommen, kümmert sich ein Immigration-Officer um alle weiteren Details. Folgende Dokumente solltest du bei dir führen, um dein Visum zu erhalten:

Gültiger Reisepass
Letter of Correspondence
Kopie deines Kontoauszuges
Nachweis deiner Reiseversicherung

Entgegen einiger landläufiger Meinungen, musst du als Anwärter auf das WHV keine Electronic Travel Authorization (eTA) beantragen. Sollte sich dir am Flughafen die Chance bieten, deine Social Insurance Number (SIN) ausgestellt zu bekommen, nimm sie wahr. So ersparst du dir später einiges an Warten.

Albert & Apostel

Zweiter Teil

Die Hiking Trails in British Columbia gehören zu den vielfältigsten weltweit.

Albert & Apostel

Endlich in Kanada – Der perfekte erste Tag

Damit keine Formalitäten deinem Abenteuer im Wege stehen, solltest du die drei bürokratischen Grundpfeiler deiner Unabhängigkeit gleich am ersten Tag bewältigen. Keine Angst: Der Arbeitsaufwand ist gering und nimmt nur wenige Stunden in Anspruch. Es bleibt also noch genug Zeit, dein neues Zuhause zu erkunden.

Sozialversicherungsnummer

Die Sozialversicherungsnummer ist die Voraussetzung für alle weiteren Schritte. Hast du sie am Flughafen noch nicht beantragt, bieten dir zahlreiche Filialen des Service Canada Center die Möglichkeit alles Notwendige nachzuholen. Ein gültiger Reisepass und Visum sind obligatorisch.

Nur mit einer verifizierten Sozialversicherungsnummer kannst du ein regionales Bankkonto eröffnen und Rabatte auf deine SIM-Karte erhalten.

Bankkonto

Ein Bankkonto kannst du schnell, simpel und ohne Vorkenntnisse eröffnen. Ein Bankangestellter kümmert sich um alle Formalitäten und bleibt dein ständiger Ansprechpartner. Zu den drei größten Banken Kanadas zählen die Royal Bank of Canada, die Toronto-Dominion Bank und die Bank of Nova Scotia. Das sogenannte Void-Dokument ermöglicht deinem Arbeitgeber, Überweisungen auf dein kanadisches Bankkonto zu tätigen. Du erhältst es automatisch bei deiner Bank und solltest es in jedem Fall zu deinem Vorstellungsgespräch mitnehmen. Über deinen Online Banking Account kannst du es beliebig oft kopieren. Beachte: Deutsch-Kanadische Überweisungen sind sehr teuer und können bis zu 2 Wochen in Anspruch nehmen.

Miete & Co. Solltest du daher besser in Cash oder über dein hiesiges Konto regeln.

Handy- & Internet

Handy und mobiles Internet sind dein sicheres Ticket für einen Job und ein intaktes Sozialleben. Ganz besonders der schnellllebige Arbeitsmarkt in den großen Städten erfordert ein hohes Maß an Flexibilität und Erreichbarkeit. Da es in Kanada keine Handyverträge im klassischen Sinn gibt, solltest du dich am besten im nächsten Elektronikfachhandel über die Vorteile einer SIM-Karte beraten lassen.

Unterkunft – Couchsurfing, Hostels, Hotels & Co. auf einen Blick

Quebec City, Ottawa und Winnipeg – vor allem Großstädte bergen endlose Möglichkeiten gut und günstig unterzukommen. Die Qualitäts- und Sauberkeitsstandards kanadischer Hostels sind deutlich höher, als die deutscher Herbergen und Wohnheime. Außerdem sind sie Rückzugsort nicht nur für Backpacker und Traveller, sondern auch für Reisende aus Kanada und der ganzen Welt. Hier findest du nicht nur Gebrauchtwagenangebote und Mietanzeigen, sondern auch Freizeitaktivitäten wie Clubbesuche, Pubnächte und Yogastunden. Vergiss also die Hotels und gehe ins Hostel – ein bewährter und besonders verdienstvoller Anbieter ist Hostelling International, besser bekannt als HI-Hostel. Couchsurfing und Airbnb ist nicht nur für eingefleischte Traveller sondern auch für den Durchschnittsreisenden eine günstige Alternative.

Albert & Apostel

Beide Modelle bieten unterschiedliche Ansätze, die deinen persönlichen Bedürfnissen angepasst sind. Während Airbnb dir ohne Umwege ermöglicht, bei privaten Vermietern eine preisgünstige Bleibe zu finden, benötigt ein Couchsurfing-Profil einiges an Wartung und entspricht eher dem unstetigen Reisetyp. Wer vorhat sich dauerhaft an ein und demselben Ort aufzuhalten und keinen Hotel-, Farm- oder Ressortjob annehmen möchte, muss früher oder später über eine Wohnung nachdenken. Typisch sind vor allem Wohngemeinschaften und sogenannte Shared Houses. Über Möbel solltest du dir in den meisten Fällen keine Gedanken machen, da bereits möblierte Zimmer und Wohnungen in Kanada Standard sind. Die passende Wohnung findest du über Craigslist.ca, Kijiji.ca und, für den Fall, dass du weder Wäsche waschen noch kochen willst, homestay.org. Sowohl Craigslist als auch Kijiji updaten regelmäßig ihre Sicherheitsbestimmungen, um Benutzerfreundlichkeit und gefahrlosen Gebrauch zu garantieren.

Die aktuellsten Tipps und Änderung findest du unter craigslist.ca/about/safety und kijiji.ca/helpdesk.

Albert & Apostel

Work and Travel-Jobs suchen und finden – Planung vor Ort

Ob Barista in Calgary oder Barkeeper in Halifax – coole Jobs liegen nicht auf der Straße, sind aber leichter zu finden, als du denkst. Während der Bewerbungsprozess bei größeren Geschäften und Organisationen langsam und über ein standardisiertes Online-Verfahren verläuft, bieten dir regionale Bars, Cafés & Co. die Möglichkeit dich persönlich und ohne Anmeldung mit deinem Lebenslauf vorzustellen. Einen sichereren Weg zu einem professionell formatiertem und gestaltetem Resume stellt novoresume.com für dich bereit. Auch in diesem Fall empfiehlt es sich, berufsspezifische Vorkenntnisse und Erfahrungen in deinen Lebenslauf aufzunehmen. Mit deinem aufpolierten Resume in der Hand, kannst du direkt den von dir gewünschten Arbeitgebern einen Besuch abstatten. Stell dich vor und habe keine Angst, ohne Umwege nach dem Hiring Manager zu fragen.

Albert & Apostel

So gelangst du schnell und einfach zu einem Interview und mit etwas Glück zu einem Jobangebot. Der direkte Weg ist und bleibt der Beste, denn die tatsächliche Nachfrage nach gutem Personal, ist oftmals höher als das Internet vermuten lässt.

Albert & Apostel

In bester Gesellschaft – Einfach Freunde finden und Kontakte knüpfen

Thank you, Mister Busdriver – Freundlichkeit und Toleranz zählen zu den beliebtesten und bekanntesten Markenzeichen der Kanadier. Deswegen sollte es dir leicht fallen, schnell und ohne Probleme Anschluss zu finden. Hostels bieten dir zahlreiche Chancen und Möglichkeiten, neue Leute und Traveller aus aller Welt kennenzulernen. Häufig entstehen hier Freundschaften, die ein ganzes Jahr und vielleicht sogar ein Leben lang halten. Besonders Facebook bietet eine große Anzahl an selbstorganisierten Gruppen, die regelmäßig Treffen und Veranstaltungen für Reisende organisieren. Mach aber nicht den Fehler, deine Zeit ausschließlich mit Deutschen und anderen Travellern zu verbringen. Weder deine Englischkenntnisse, noch deine Persönlichkeitsentwicklung werden daraus einen Nutzen ziehen.

Routine ist der Schlüssel zu allem: Angefangen beim Barista, der dir jeden morgen deinen Kaffee macht, bis hin zur engagierten Buchhändlerin deines Vertrauens – ehe du dich versiehst, ist aus Smalltalk eine Freundschaft geworden. Besonders kundenbezogene Jobs ermöglichen dir tagtäglich mit unterschiedlichsten Menschen in Kontakt zu kommen.

Zusätzlich triffst du in den Großstädten und Metropolen Kanadas auf ein reiches und vielseitiges Angebot an Clubs, Vereinen und Freizeitaktivitäten. Wer schon in Deutschland sport- oder kunstbegeistert war, wird auch hier auf seine Kosten kommen.

Unser Geheimtipp: Auf der Online-Plattform meetup.com organisieren sich seit Jahren voneinander unabhängige Gruppen, unter denen garantiert auch etwas für dich dabei ist. Ob Feiern in Vancouver, Pizza backen in Montreal oder Eisfischen in Toronto – meetup.com garantiert einzigartige Erfahrungen.

Bus, Boot & Co. - Reisen innerhalb Kanadas

Mit über neun Millionen Quadratkilometern ist Kanada flächenmäßig das zweitgrößte Land der Erde – um also sicher von A nach B zu gelangen, benötigst du in jedem Fall den ein oder anderen fahrbaren Untersatz.

Zug

Quer durchs Land, von Ost nach West: Mit Via Rail Canada erreichst du preisgünstig und flexibel die entlegensten Gebiete Kanadas, ohne auch nur das kleinste bisschen Natur und Wildleben zu verpassen. Ein Mausklick genügt – viarail.ca bietet einen umfassenden Überblick über Tickets, Tarife & Co. Deine Fahrkarte buchst du entweder online oder direkt beim Schaffner.

.

Bus

Nicht so charmant, aber mindestens genauso flexibel und preiswert reist du mit dem größtem Busanbieter Nordamerikas. Der Greyhound-Bus ermöglicht sowohl Lang- als auch Kurzstreckenfahrten durch USA und Kanada und eignet sich besonders für kurze Etappen. Unter greyhound.ca findest du Informationen zu Tickets, Fahrplan und allem weiterem.

Flugzeug

Am schnellsten kommst du natürlich mit dem Flugzeug ans Ziel. Für günstige Inlandflüge, ist die kanadische Airline WestJet häufig die beste Option. Vollständige Angaben zu Boarding Pässen und Flugplänen findest du unter westjet.com.

Auto mieten, kaufen und versichern

Wenn du Kanada nicht mit Flugzeug und Bus erkunden möchtest, sondern so selbstbestimmt und flexibel wie möglich voran kommen willst, ist ein Auto die beste Option. Mieten lohnt sich im Regelfall nicht, außer über einen sehr kurzen Zeitraum. Der Kauf eines Autos verläuft in den meisten Fällen einfach und unbürokratisch. Preisgünstige und seriöse Angebote findest du in vielen der Traveller-Facebook-Gruppen, am Informationsbrett der Hostels und unter craigslist.ca sowie kijiji.ca. Angebote liegen zwischen 500 und 2000$. Der Benutzerwechsel erfolgt über ein standardisiertes Formular, das dich als neuen Besitzer verifiziert. Um ein Auto zu versichern, wendest du dich an regionale Versicherungsagenturen. Da du das Auto nach deinem Trip wieder verkaufen kannst, was bei der hohen Nachfrage durch Traveller und Reisende grundsätzlich kein Problem darstellen sollte, trägst du am Ende nur die versteuerten Versicherungskosten.

Großstadt und Idylle - Kanada ist ein Land der Gegensätze.

Albert & Apostel

Grenzen überschreiten – Quer durch Nordamerika und Mexiko

Ob Barbecue in Texas, Siesta in Mexico City oder doch Whale Watching vor Vancouver Island – dein Abenteuer im Ausland ist an keine Grenzen gebunden. Amerika ist groß und auf keinen Fall solltest du dir entgehen lassen, den Rest davon zu erkunden.

Seit 2012 ist Deutschland Teilnehmer des Visa Waiver Program (VWP). Staatsangehörige der teilnehmenden Länder können ohne Visum und Vorarbeit in die USA einreisen. Alles was du benötigst ist ein gültiger Reisepass und, solltest du via Schiff oder Flugzeug einreisen, eine sogenannte Electronic System for Travel Authorization (ESTA). Den Antrag findest du auf der offiziellen Webseite von Homeland Security (esta.cbp.dhs.gov/esta/).

Die Bearbeitungsgebühr in Höhe von aktuell 14$ bezahlst du online mit deiner Kreditkarte. Mit dem Touristenvisum kannst du dich 90 Tage am Stück und 180 Tage pro Jahr in den USA aufhalten. Alle weiteren wichtigen Informationen findest du unter der ESTA Online Help. Für die Einreise benötigst du kein zusätzliches Visum. Im Flugzeug oder an der Grenze bekommen Reisende eine sogenannte Touristenkarte von den mexikanischen Behörden ausgestellt. Dein Reisepass sollte noch mindestens 6 Monate gültig sein, um einen reibungslosen Grenzübergang zu gewährleisten. Deine Aufenthaltsdauer ist an den Gültigkeitszeitraum deiner Touristenkarte gebunden. Bei Fragen zur Aufenthaltsverlängerung wendest du dich an die zuständige Behörde, dem Insitituto Nacional de Migración, oder an die deutsche Botschaft in Mexiko. Aktuelle Reise- und Sicherheitshinweise findest du auf der offiziellen Seite des Auswärtigen Amtes.

Alkohol & Drogen - Was du unbedingt wissen solltest

Der Umgang mit Alkohol und Drogen in Kanada unterscheidet sich in der öffentlichen und rechtlichen Wahrnehmung deutlich von Deutschland. Während vor allem in Großstädten der Konsum von weichen Drogen, wie Cannabis und psychoaktiven Pilzen, weit verbreitet und nahezu alltäglich ist, untersteht der öffentliche Alkoholkonsum strengen Regeln und Kontrollen. Lizenzierte Pubs und Liquor Stores werden regelmäßig überprüft und Alkohol darf nur versiegelt und ungeöffnet auf den Straßen transportiert werden. Der öffentliche Konsum ist generell untersagt. Beachte, dass du mit 18 nicht in allen kanadischen Provinzen volljährig bist. In zahlreichen Teilen des Landes, wie British Columbia, erreichst du die Volljährigkeit erst mit 19 Jahren. Allein letztes Jahr starben in British Columbia mehr als 300 Personen an den Folgen einer Überdosis.

Albert & Apostel

Besonders das stark wirksame, synthetische Opioid Fentanyl forderte in der Vergangenheit immer mehr Todesfälle. Anderen Drogen und halluzinogenen Substanzen unwissentlich beigefügt hat es eine fatale und häufig tödliche Wirkung. Achtsamkeit und Vorsicht sind auch in Kanada wichtige Grundsätze.

Albert & Apostel

Bonus #2: Unsere Geheimtipps – Erfolg garantiert

Geld Verdienen, ohne festen Job

Keine Lust auf nine-to-five? Die kanadischen Großstädte bieten zahlreiche Möglichkeiten einfach und legal Geld zu verdienen. Ein praxiserprobter Geheimtipp ist languagetutor.ca. Als Native German Tutor bist du ein gefragter und selbstständiger Posten. Die Anforderungen sind verschwindend gering: Du brauchst weder Erfahrungen, noch besondere Kenntnisse. Bezahlt wird bar, über die Höhe deines Stundenlohns kannst du selbst entscheiden – zwischen 20 und 50$ pro Stunde ist alles möglich. Die Anmeldung ist gratis.

Die Atemberaubendste Art zu Reisen

Verschneite Berge, endlose Landstriche – Via Rail Canada gehört zu den größten Zugunternehmen Nordamerikas und bietet dir besonders im Winter einzigartige und unvergessliche Einblicke in das Herz der kanadischen Natur. Ein Ticket ist billig, die Schaffner freundlich und es gibt nichts besseres, als Eier Benedict im Speisewagon oder Sterne beobachten aus der verglasten Aussichtskuppel. Zugfahren bedeutet hier nicht nur ans Ziel kommen, sondern Landschaft und Leute genießen. Der Weg ist das Ziel. Unsere Empfehlung: Von Calgary aus durch die Rocky Mountains nach Vancouver.

Besser und Sicherer als Craigslist

Craigslist gehört nicht nur seit Jahren zu den beliebtesten Online-Internetmärkten, sondern auch zu den kontroversesten Anbietern dieser Art.

Trotz gewisser Sicherheitsstandards kommt es regelmäßig zu Verstößen und Ungereimtheiten. Höhere und regional auf Kanada beschränkte Sicherheitskontrollen bietet Kijiji. Alle Anzeigen werden in gleichmäßigen Abständen gefiltert, überprüft und verifiziert. Ob Wohnungen, Autos oder Jobs – hier wirst du garantiert fündig.

Endlose Freiheit: Manitoba & Saskatchewan

Endlose Weite, atemberaubende Schönheit – Nicht nur British Columbia und Quebec lohnen es besucht zu werden, sondern auch und vor allem die unscheinbaren Provinzen im Herzen Kanadas offenbaren ihren Besuchen außergewöhnlich tiefe Einblicke in eine fast vergessene Welt. In Freiheit und nahezu vollkommene Unberührtheit. Die Provinzen Saskatchewan und Manitoba werden seit Jahren von Reisenden und Einheimischen gleichermaßen gemieden. Beinahe wie ein Vakuum scheinen sie im großen Touristenpool Nordamerika. .

Dabei gibt es keinen anderen Ort, indem man ungestörter und idyllischer leben und reisen kann, als genau dort. Das kanadische Ideal von Frieden und Freundlichkeit wird hier zur Wirklichkeit. Von den Dörfern und Seen, bis hin zu Winnipeg und Saskatoon: Manitoba und Saskatchewan sind einen Abstecher wertMit dem Grizzly frühstücken

Welcome to Great Bear Country! Ob Schwarz-, Braun- oder Grizzlybär – Kanada ist reich an allen Vertretern dieser Art. British Columbia hat eine der größten Bärenpopulationen Nordamerikas. Besonders auf Vancouver Island leben Mensch und Bär Seite an Seite. Ein Campingtrip durch die Wälder und Küsten entlang der zahlreichen Hiking Trails der Insel ist ohne Frage ein unvergessliches Erlebnis. Neben professionell geführten Bear und Whale Watching Touren, kannst du ohne Probleme selbst die Bären und ihre Lebensweise erkunden, ohne dabei gefressen zu werden. Für den unwahrscheinlichen Fall:

Trage stets Bärenspray und Alarmglocke bei dir.

Albert & Apostel

Dritter Teil

Bis nach Yukon - ein einmaliges
Westküstenpanorama.

Albert & Apostel

Work & Travel – Chance für deine Zukunft & Karriere

Wer einmal den Schritt in das große Unbekannte gewagt hat, der wird ihn so schnell nicht mehr vergessen können. Fast alle, die von ihrer Reise zurückkehren, sind verändert, sind nicht mehr dieselben. Auf die ein oder andere Weise, sind sie reifer und erwachsener geworden. Erfahrungsgemäß wirst auch du innerhalb kürzester Zeit lernen, eigene Lösungen und Wege für jedes erdenkliche Problem zu finden. Mit den individuellen und charakterlichen Wachstums- und Entwicklungschancen, die ein solches Work and Travel Jahr bietet, eröffnen sich gleichzeitig zahlreiche Zukunftsperspektiven und Bildungsmöglichkeiten. Neben deinen Job- und Reiseerfahrungen, werden vor allem fortgeschrittene Englischkenntnisse von potenziellen Unternehmen und Universitäten gleichermaßen honoriert.

Außerdem werden viele Ex-Traveller nach ihrem Abenteuer unabhängig, gründen eigene Unternehmen und machen ihre Leidenschaft zum Beruf. Besonders das Reise- und Tourismussegment bietet unzählige Aussichten auf ein bezahltes Leben on-the-go.

Albert & Apostel

Für alle Fälle – Was deine Eltern wissen sollten

Beinahe alle Erfahrungen und Erlebnisse stimmen in einem Punkt überein: Auch wenn sich Eltern in der Regel immer Sorgen machen, werden sie am Ende mit einer positiven und unerwarteten Veränderung belohnt. Um sie zu beruhigen, bieten Fachangestellte der Agentur für Arbeit seit einigen Jahren Beratungs- und Informationsprogramme, die euch und euren Eltern dabei helfen, alles Wissenswerte und Notwendige vorauszuplanen. Eine weitere wichtige Brücke bilden Work and Travel Organisationen. Kanada zählt zu den sichersten Ländern auf der Welt. Verglichen mit den USA und anderen beliebten Reisezielen, ist die Kriminalitätsrate verschwindend gering. Auch Landschaft und Natur bieten lange nicht so viele Gefahren und giftige Tiere wie beispielsweise das australische Outback. Abgesehen von den menschenscheuen und zurückgezogenen Bären und Pumas, hast du nichts zu befürchten.

In der Praxis sind Raubtierattacken sehr selten und mit ein paar einfachen Sicherheitsmaßnahmen gänzlich vermeidbar. Zusammengefasst – Kanada ist nicht das Ende der Welt. Jeden Tag verlassen tausende Maschinen die kanadische Flughäfen in Richtung Europa. Im Notfall kannst du ein Flugticket in weniger als 5 Minuten online buchen und noch am selben Tag sitzt du im Flieger Nachhause.

Startkapital für Zuhause – Die Steuerrückzahlung

Zusammen mit der sogenannten Federal Tax bzw. Lohnsteuer und der Employement Insurance oder Arbeitslosenversicherungen, beträgt der Regelsteuersatz in Kanada 17%. Genau wie in Deutschland hast du Anspruch auf eine Steuerrückerstattung mit einer Gültigkeit von insgesamt fünf bis zehn Jahren. Diese Chance solltest du in jedem Fall wahrnehmen. Die Umsetzung gliedert sich in zwei unterschiedliche Möglichkeiten. Die Wahl liegt bei dir. Entweder machst du deine Steuererklärung selber und ohne fremde Hilfe, alle Informationen dazu findest du in den Filialen des Service Canada Centers, oder nutzt einen Taxback-Service. Kostenlos und ohne Anmeldung kannst du bereits im Voraus eine Kostenkalkulation online durchführen.
Die endgültige Rückzahlungssumme hängt von der Dauer deines Beschäftigungsverhältnisses und der allgemeinen Reiselänge ab.

Eine Reise kann beginnen.

Albert & Apostel

Können wir dich um einen Gefallen bitten?

Wenn euch dieses Buch gefallen hat und euch unsere Tipps weiterhelfen konnten, würden wir uns über eine kurze, ehrliche Rezension auf Amazon sehr freuen.

Eure aufmerksamen Ratschläge helfen uns, auch in Zukunft eure Abenteuer zu unterstützen.

Falls du noch Fragen, Vorschläge oder Anmerkungen für uns hast, erreichst du uns hier:

AlbertundApostel@gmail.com

Albert & Apostel

Reisenotizen

Albert & Apostel

Reisenotizen

Albert & Apostel

Reisenotizen

Albert & Apostel

26861998R00045

Printed in Poland
by Amazon Fulfillment
Poland Sp. z o.o., Wrocław